IMPRESSIONS DE CAMPAGNE,

Par un ex-Aumônier

DE

L'ARMÉE D'ITALIE.

Le soldat français n'est pas moins admirable
à l'ambulance et à l'hôpital que sur le
champ de bataille.

NANCY,

Imprimerie de HINZELIN et Cie, rue Saint-Dizier, 67.

1860.

Plusieurs de mes amis m'ont demandé de leur écrire mes *impressions de campagne* (1). J'ai profité de mon passage à Paris, en revenant de la ville de Gênes, pour laisser courir ma plume, et j'ai représenté le soldat français tel qu'il est : non moins admirable à l'ambulance et à l'hôpital que sur le champ de bataille. Le monde entier connaît sa bravoure, mais on ne sait pas assez avec quelle énergie la foi religieuse se réveille dans son âme, au milieu des rudes épreuves de la guerre, et combien il puise de force et de dignité morales dans ses sentiments chrétiens. C'est ce que j'ai voulu mettre en relief. Ma lettre, qui ne devait être qu'un entretien familier avec des amis, étant devenue une glorification de l'armée française, je livre, d'après leur conseil, ces quelques pages à la publicité.

Paris, le 25 octobre 1859.

L'abbé Et. Blanc.

______

(1) Cette brochure est la réunion des articles qui ont paru dans l'*Impartial de la Meurthe* (Octobre et Novembre 1859).

IMPRESSIONS DE CAMPAGNE.

I.

FONTANELLA.

Nommé aumônier sur la fin de mai, parti de Nancy le 1er juin, débarqué à Gênes le 7, j'ai traversé Alexandrie, Novare, le champ de bataille de Magenta, où nos braves soldats venaient de remporter une grande victoire, et je suis arrivé le 11 à Milan. Après avoir passé presque toute la journée du 12 dans son immense et magnifique cathédrale de marbre blanc, j'ai quitté le lendemain la capitale de la Lombardie; et, monté sur un cheval, doué, heureusement pour moi, d'une humeur très pacifique, je me suis aventuré à la recherche du 3e corps, auquel j'avais été affecté. Je le rencontrai, le 15, à Fontanella. Le souvenir de ce village me sera toujours cher, parce que c'est à Fontanella que je suis entré en fonctions.

Béni soit Dieu qui m'a fait la grâce, non-seulement de renouveler, avec plusieurs de mes collègues dans le sacerdoce, la sainte alliance de la croix et de l'épée, en versant sur les blessures de mes frères mutilés ou mourants le baume des consolations religieuses et des divines espérances; mais encore de m'associer, comme prêtre, à une guerre dont le but était d'affranchir une nationalité asservie, et de substituer, à l'iniquité de la domination autrichienne, le droit imprescriptible de la souveraineté nationale.

Sans doute, la guerre est en soi une abomination, puisque c'est la destruction des hommes. Mais il y a des circonstances où elle est légitime, même nécessaire, pour rétablir la justice et réprimer l'iniquité. Alors elle prend un sens moral qui la justifie et l'ennoblit; et bien qu'il faille toujours la déplorer, parce qu'elle entraîne la violence et le meurtre, elle devient grande et louable; car elle est au service de ce qu'il y a de plus vrai, de plus beau, de plus respectable dans le monde, au service de la Justice.

De plus, cette lutte, dont le caractère libéral m'était sympathique, avait pour théâtre un pays superbe, la terre classique des beaux-arts, la patrie de Dante, de Michel-Ange, de Raphaël, de Christophe Colomb, de Galilée, de Palestrina, de Silvio Pellico : l'Italie, centre de la catholicité, mère et nourrice de l'Europe; en sorte que les splendeurs de la nature, les merveilles de l'art, les nobles aspirations de la fraternité de peuple à peuple, les intérêts sacrés de la civilisation, le spectacle d'une héroïque armée et les saintes ardeurs de l'apostolat religieux, tout, en un mot, s'unissait, dans cette campagne, pour remplir mon âme d'admiration et d'enthousiasme.

Ce qui ajoutait encore à mon bonheur, c'est qu'en Piémont, dans la Lombardie, dans la Vénétie, au-delà du Mincio, je retrouvais Nancy; car j'étais attaché, comme aumônier de la division Trochu, au corps commandé par M. le maréchal Canrobert, et j'ai eu des relations fort agréables avec les officiers de son état-major, dont trois sont des compatriotes. J'ai pu me convaincre par moi-même que le Maréchal est dans l'armée l'objet d'une estime et d'une affection universelles. Le 5e corps était fier de le voir marcher à sa tête, sûr que, si l'occasion s'en présentait, l'illustre et chevaleresque guerrier lui ferait faire de grandes choses.

II.

LE SOLDAT FRANÇAIS.

J'ai aussi à bénir la Providence de m'avoir mis à même d'apprécier la valeur morale du soldat français. Que j'étais heureux de vivre au milieu de cette foule de militaires de tous grades, étrangers à toute préoccupation égoïste d'intérêt ou de plaisir, ne comptant pour rien les privations, la fatigue et la peine, pourvu qu'ils accomplissent leur devoir, vivant de la vie morale dans son austère grandeur, et toujours prêts à verser leur sang pour l'honneur du drapeau, l'amour de la patrie et la rédemption d'un peuple opprimé !

Ce qui fut aussi pour moi l'objet d'une grande édification, c'est l'esprit de franche cordialité qui règne dans l'armée française. Là, s'ignorent le dénigrement et l'envie ; il n'y a d'autre rivalité que celle du dévouement. Les soldats s'aiment fraternellement entr'eux, et sont remplis de respect et d'affection pour leurs officiers, qui, du reste, le méritent à tous égards. Au jour de la bataille, ne sont-ils pas en tête, revêtus, comme à la parade, de leur plus bel uniforme ? Bien que leurs épaulettes d'or et leurs brillantes décorations soient un point de mire pour les balles de l'ennemi, ils se croiraient déshonorés en se déguisant, comme cela se pratique ailleurs, sous une misérable capote. A leur tour, les officiers ont pour leurs soldats une sollicitude et un amour paternels. C'est là, certainement, une des causes de la supériorité de notre armée.

Autre observation : le soldat autrichien est une machine savamment organisée pour bien manœuvrer et tirer avec précision ; mais il n'a pas cet esprit d'initiative, cet élan, cette fougue qui caractérisent le soldat français, parce que lui, c'est une personne qui a la conscience de sa dignité humaine et le juste orgueil de sa nationalité ; parce qu'il a l'intelligence des idées civilisatrices, dont son rôle est d'ensemencer le monde, et que l'enthousiasme du grand et du beau lui brûle le cœur.

Voilà, en grande partie, le résultat du principe d'égalité qui, issu de l'Evangile, s'est heureusement incarné, depuis 89, dans nos institutions et dans nos lois ; grâce à ce principe salutaire, tout homme en France est convaincu que ce qui fait la valeur de l'homme, ce n'est ni la naissance ni la fortune, mais le mérite personnel s'exerçant dans l'intérêt de tous. Cette forte conviction, répandue parmi les paysans et les ouvriers, provoque l'effort individuel, stimule le développement de l'intelligence et de la moralité, crée des personnalités énergiques, multiplie les parvenus du travail et du talent, favorise l'élévation sociale des enfants du peuple, et constitue sur une base puissante cette grande démocratie française, dont Napoléon aura la gloire d'être l'organisateur (1) et qui se rapprochera d'autant plus de l'idéal d'une société parfaite, qu'elle se laissera plus profondément pénétrer par l'esprit chrétien.

Ah ! c'est au sein de cette nouvelle armée d'Italie, si digne de sa sœur ainée, que l'on comprenait toute la vérité, toute la poésie du mot de Shakespeare : « *La France est le soldat de Dieu.* »

Née du mariage de sainte Clotilde avec Clovis et du baptême

____

(1) Voir à la fin la Note explicative.

du fier Sicambre, la France, à qui Dieu a visiblement accordé le privilége d'une protection toute particulière, en suscitant pour la défendre sainte Geneviève et Jeanne d'Arc, la France, fille aînée de l'Eglise, a reçu une mission initiatrice ; et l'un des principaux instruments de sa mission, c'est l'armée.

Soyons fiers d'être Français ! Nous sommes un grand peuple et un grand siècle ! Le front couronné de toutes les gloires, notre bien-aimée patrie porte d'une main le flambeau de la civilisation, et de l'autre, elle en tient l'épée. Epée invincible, qu'elle ne tire que pour affranchir, comme l'a si bien dit l'Empereur, qui personnifie avec tant d'éclat sur le trône, le sentiment de la dignité nationale et le génie civilisateur de la France.

III.

LA MESSE EN CAMPAGNE.

Qu'elle était touchante et solennelle, la messe du dimanche, célébrée en présence du général de la division, des deux généraux de brigade, des colonels, des officiers et d'une foule de soldats ! La gravité de leur attitude et le recueillement de leur visage témoignaient d'un profond respect pour Dieu. Ces cœurs intrépides devant l'ennemi comme devant la mort, venaient s'incliner pieusement devant le Dieu des armées, et lui demander la victoire. Sans doute, parfois le souvenir du foyer domestique, d'une mère, d'une sœur, d'une épouse, attendrissait leur âme, mais sans l'amollir. Le grand crucifix d'argent, qui leur apparaissait au milieu des lumières rayonnantes de l'autel, leur disait sans aucun bruit de paroles : « On ne fait rien d'utile sans douleur. On ne sert dignement la patrie et l'humanité que par le sacrifice de soi. La grandeur de l'homme consiste à souffrir et à mourir pour le devoir. Du reste, la mort n'est qu'une transformation; on ne meurt que pour renaître à la vie véritable et bienheureuse. Le Christ est mort, mais il est ressuscité glorieux et immortel. »

Tous le comprenaient, ce muet langage du Christ en croix, de l'Homme-Dieu, type de la grandeur et de la beauté morales, divin modèle du citoyen, du soldat et du prêtre, idéal vivant de l'humanité ; et tous, à son exemple, offraient au Seigneur leur vie en sacrifice.

Le Seigneur accepta cette offrande volontaire. Il entendit les prières ferventes des mères de famille, des épouses, des sœurs qui, matin et soir, dans les angoisses de leur tendresse, s'agenouillant avec amour à ses pieds, invoquaient dans les larmes la Patronne de la France ; et il nous a donné la victoire. Il a rajeuni, dans les mains des fils, ces nobles armes que leurs pères avaient fait briller d'un si beau lustre, et les noms immortels de Magenta et de Solferino ont été burinés dans le livre d'or de nos fastes militaires, où se sont déjà inscrits quinze siècles de gloire, et qui a pour titre : *Gesta Dei per Francos.* Ah ! si la France est la première nation du monde, ce n'est pas seulement parce qu'elle est la nation la plus intelligente, la plus généreuse et la plus brave, c'est encore et surtout parce qu'elle est la plus chrétienne.

Non jamais, je n'ai mieux senti la divinité de la Religion catholique et la sublimité du sacerdoce, que lorsque j'offrais le saint sacrifice de la messe au nom, à l'intention et en présence de la division dont j'étais l'aumônier ; au milieu des harmonies d'une musique militaire et religieuse ; dans une de ces belles églises d'Italie éblouissantes de marbre, de mosaïques et de dorures, richement décorées de fresques de bas-reliefs, de tableaux et de statues, œuvres d'excellents maîtres.

C'est surtout alors que le Christianisme m'apparaissait ce qu'il est réellement : la philosophie la plus haute et la Religion la plus pure, la source sacrée des vérités éternelles, la règle suprême du droit et du devoir, le vrai moteur du progrès, l'inspirateur de toutes les vertus privées et publiques, comme aussi des chefs-d'œuvre de l'art et de la science ; en un mot, le principe fondamental de cette civilisation moderne dont l'Europe est si fière, et dont la France est la plus complète, la plus brillante personnification.

Quelques objections m'ont été faites ; en campagne, les conversations sont toujours sérieuses. Les officiers, gens d'esprit et de cœur, ne sont pas étrangers aux questions de notre temps, qui préoccupent les intelligences cultivées, et il en est beaucoup qui manient aussi bien la parole et la plume que l'épée. Mais ceux-là même qui faisaient des objections, du reste, avec une courtoisie parfaite, les abandonnaient de bonne grâce, devant une démonstration fondée sur l'accord de la foi et de la raison, de la Religion et de la philosophie, du dogme et de la science, du Catholicisme et des principes de la révolution française, consacrés par la constitution de l'Empire, et qui ne sont pas autre chose que la formule, dans l'ordre politique et social, des doctrines de l'Evangile. Alors se dissipaient les nuages qui obscurcissaient à leurs yeux la majestueuse et adorable figure du Christ, et ils saluaient en lui le divin soleil du monde des esprits, le modèle accompli de toute perfection, le suprême législateur de l'humanité.

Les églises des villes et des villages auprès desquelles campait la division étaient visitées à toute heure du jour. Ce n'était point uniquement la curiosité qui attirait cette foule de militaires de tous grades. Pas un seul n'entrait sans s'agenouiller et faire une prière. Quand je pouvais dire ma messe dans la semaine, c'était toujours devant une assistance nombreuse; et du 16 au 25 juin, dans notre marche sur Solferino, j'ai vu des soldats et même des officiers s'approcher de la table sainte, comme autrefois le chevalier Bayard, le grand Condé, le noble Turenne, la veille d'une bataille. Héritiers de la bravoure et de la piété de leurs ancêtres, ils venaient se nourrir de ce pain vivant descendu du ciel, qui transfigure la nature humaine, spiritualise le corps, divinise l'âme et revêt si bien l'homme de la force d'en haut, qu'il peut dire avec saint Paul : « Ce n'est plus moi qui vit, c'est Jésus-Christ qui vit en moi. »

IV.

LA BATAILLE DE SOLFÉRINO.

La guerre a son côté poétique, quand, par une de ces belles matinées d'Italie, où le soleil a des rayonnements si splendides, on suit à cheval, en compagnie de quelques bons camarades, toute une division en marche sur des routes bordées de ruisseaux limpides, de champs de maïs, de prés, de vignes dont les rameaux décrivent de gracieuses guirlandes autour des mûriers, et que l'on aperçoit à l'horizon les masses gigantesques des Alpes ou des Apennins, dressant leurs cimes neigeuses sous un ciel d'azur.

Enfin, l'étape est finie, on arrive, et les tentes se déploient dans des prairies émaillées de fleurs; on dîne à l'ombre de beaux arbres, on se promène en respirant avec délices la fraîcheur du soir pour se délasser de la chaleur étouffante du jour; puis, lorsque la retraite est sonnée, on rentre sous sa tente, et on s'endort tout habillé sur l'herbe; ou bien, alors que toutes les lumières sont éteintes, et qu'un silence solennel a remplacé les bruits tumultueux du camp, vous allez rêver de la patrie absente, méditer et prier, les yeux fixés sur la voûte céleste, toute resplendissante d'étoiles.

La nature, toujours grande et toujours belle, enchante nos regards et ravit notre âme, surtout quand nous voyons dans ses harmonies comme un reflet de la grandeur et de la beauté de Dieu.

En vérité, il y avait beaucoup de charme dans cette vie aventureuse, errante, loin des villes, en plein air, au milieu d'un pays superbe et d'une armée en campagne.

Deux heures et demie venaient de sonner à l'horloge du village de Mezzane ; hommes et chevaux, tout dormait au camp. Tout à coup, le canon gronde dans le lointain... Au bout de quelques instants, je vois de tous côtés les soldats sortir de leurs tentes et je les entends répondre à la voix du canon par des acclamations joyeuses : c'était un vendredi, le 24 juin, jour de la Saint-Jean, le matin de la bataille de Solferino. Les tambours battent, les clairons sonnent, on part. A mesure que nous avançons, la voix du canon devient plus formidable. On respire dans l'air la fièvre des combats ; un frisson belliqueux court dans toutes les veines. On se hâte, et, vers dix heures, la division Trochu arrive à l'entrée du village de Médole. Mais elle reçoit l'ordre de s'arrêter, malgré son impatience de combattre.

Le commandant en chef, le maréchal Canrobert, avait des instructions absolues qui lui prescrivaient de surveiller le mouvement des Autrichiens attendus du côté de Mantoue, et son devoir était de ne s'engager qu'avec une extrême réserve.

Enfin, vers trois heures, le signal est donné d'aller en avant. Je vois passer officiers et soldats, la tête haute, l'œil en feu, le visage rayonnant de résolution et d'audace. Noble cœur, intelligence d'élite, le général Trochu, qui allie de grands talents militaires et une mâle intrépidité à une distinction pleine d'élégance, les avait électrisés par quelques paroles empreintes d'une éloquence martiale, et ils voyaient le chef qu'ils aiment, monté sur un beau cheval arabe, les précéder l'épée à la main.

Pendant que la brigade Bataille, conduite par le général Trochu, parcourt la distance qui la sépare du lieu du combat, j'entre à Médole, je monte dans la tour d'un vieux château fort, d'où l'on aperçoit la plaine, les hauteurs et la tour carrée de Solferino. Du haut de cette tour de Médole, mes regards embrassent le vaste champ de bataille, où s'entrechoquent 350,000 hommes et 600 bouches à feu, l'empereur François-Joseph et l'Empereur Napoléon commandant les deux armées en personne; et là, saisi d'effroi et d'admiration, je contemple la guerre dans son héroïque grandeur!

V.

L'AMBULANCE DE MÉDOLE.

Mais la guerre a aussi son côté tragique : et quelle sanglante, quelle horrible tragédie ! Je me hâte de descendre de mon observatoire, car j'ai aperçu des blessés que l'on transporte à notre ambulance, établie dans les salles du vieux château-fort de Médole, et bientôt je vois plus de 400 soldats français, qui appartenaient à plusieurs corps, étendus sur de la paille qu'ils rougissent de leur sang... Ce sang généreux, c'était, avec celui de leurs frères d'armes, la rançon de la liberté et de l'indépendance de l'Italie ! Dieu, dans sa bonté comme dans sa justice, ne permettra pas que tant de sang ait été versé en vain, puisque la liberté et l'indépendance de l'Italie ne sont pas inconciliables avec le pouvoir temporel de la Papauté.

Quel lugubre et douloureux spectacle que celui d'une ambulance ! Ah ! quels frissons vous prennent quand on retrouve, le teint livide et la poitrine ensanglantée, des hommes qu'on avait vus si pleins de vie ! Le cœur se brise, les yeux se remplissent de larmes, il semble que l'on va défaillir : mais soudain, vous puisez dans une immense tendresse pour tous ces souffrants, une exaltation qui vous donne des forces surnaturelles.

Et puis, cette pensée que la souffrance, acceptée volontairement, a la vertu d'expier nos fautes et de purifier nos âmes, achève de dissiper l'horreur dont vous étiez frappé ; elle y substitue un religieux et saint respect.

La Providence place toujours le remède à côté du mal : les médecins sont là ; hommes de savoir et de dévouement, ils se multiplient, ils prodiguent aux blessés leurs soins avec un zèle fraternel. La Religion y est aussi, car c'est une mère ! elle qui sait si bien adoucir et sanctifier la souffrance, qui unit à l'évangelique amour des âmes la science des choses divines, et dont l'unique loi est la douce charité. Tout en adressant de consolantes paroles à ceux qu'ont mutilés le fer et le feu de l'ennemi, elle leur présente d'une main la croix où Jésus-Christ est mort pour le salut du monde ; de l'autre, elle leur montre le ciel où il est assis dans sa gloire, et les couronnes triomphales qu'il réserve là-haut à ceux qui ont su, comme lui, aimer, obéir et mourir.

Ils gisaient sur de la paille empourprée de leur sang, ces nobles enfants de la France aux prises avec la douleur et la mort ; eh bien ! quand, à genoux et incliné près de chacun d'eux, pour me faire mieux entendre, je leur disais à l'un et à l'autre : « Votre corps souffre, mais votre cœur doit être content d'avoir si vaillamment rempli votre devoir ; Dieu vous en tiendra compte. C'est beau, c'est glorieux de verser son sang pour la patrie et de se sacrifier pour la délivrance d'une nation malheureuse... » Oh ! alors, leurs yeux presqu'éteints se ranimaient, un fier sourire illuminait leur pâle figure, et ils me remerciaient, par un serrement de main, de les avoir devinés. Leur âme goûtait cette joie austère et enivrante que Dieu a mise dans le sacrifice de soi à une juste et sainte cause.

J'ai vu quelques larmes furtives, mais ce qui les faisait couler, c'était le souvenir d'une mère dont j'avais évoqué l'image, et que je représentais priant pour son fils ; c'était aussi le regret qu'éprouvait un bon fils, de ne pouvoir peut-être plus assister son vieux père, de son travail et de son amour. A l'exception de quelques soupirs arrachés à l'excès de la souffrance, ni plainte, ni murmure : mais une douce patience, et une résignation toute chrétienne.

C'est la préoccupation exclusive des choses de la matière, c'est l'ardente et ignoble convoitise de toutes les sensualités, qui jettent dans l'indifférence en matière de Religion, parce qu'elles énervent l'esprit, dépravent le cœur, abaissent le caractère ; mais comme cette existence de privations, de discipline, de devoir et de dévouement, qui est la vie du soldat en temps de guerre, le retrempe ! comme elle l'élève sous le rapport intellectuel et moral ! Aussi l'âme du soldat, même le plus vulgaire, vibre-t-elle d'elle-même à tous les beaux sentiments, et par conséquent au plus beau, au plus généreux, au plus idéal, au plus sublime de tous, au sentiment religieux !

Voilà pourquoi tous les militaires à l'ambulance accueillent volontiers le ministère de l'aumônier, et recourent, avec une foi vive, aux sacrements que Jésus-Christ a institués pour régénérer et sanctifier l'homme. Certes, ce n'est pas une crainte servile qui les inspire, c'est le souvenir du beau jour de la première communion, c'est la voix de la conscience, c'est le respect de Dieu, c'est la ferme conviction que la vie est une épreuve, la mort le commencement de l'immortalité, et qu'une âme immortelle, créée à l'image de Dieu, et rachetée par le sang du Christ, doit être bien pure pour entrer dans le ciel.

Plusieurs blessés expirèrent sous mes yeux et dans mes bras, mais les derniers sacrements les avaient consolés et fortifiés à ce moment suprême. Leurs lèvres mourantes s'étaient collées, avec une foi vive, sur mon crucifix, que je garde comme une précieuse relique ; et tandis que d'une voix presqu'éteinte, ils murmuraient ces mots sacrés et si doux : *O ma mère ! ah ! mon Dieu !* leur âme sortait de la patrie terrestre pour s'envoler, sur les ailes de la sainte espérance, dans la céleste patrie.

Heureux, mille fois heureux, celui qui meurt dans des sentiments chrétiens, soit sur un champ de bataille, soit à l'ambulance, quand même il expire à la fleur de son âge, alors que la vie a des perspectives si charmantes ! Il fait une belle et glorieuse mort. C'est un héros qui meurt de la mort des saints et des martyrs ; les anges emportent en souriant son âme dans les splendides palais de l'éternité, Dieu l'accueille avec amour et lui dit : « Assieds-toi à ma droite. »

Pauvre mère, ah ! pleurez la perte du fils que la mort vous a ravi. C'était le fruit de vos entrailles et la joie de votre cœur ; il eût été la consolation et l'orgueil de votre vieillesse. Mais que vos pleurs ne soient point amers, et ne soyez pas comme ceux qui n'ont point d'espérance. Faites à Dieu, faites à la patrie votre sacrifice avec résignation : votre enfant bien-aimé savoure le bonheur céleste ; que pouvez-vous désirer de plus pour lui ? La mort n'est pas une séparation éternelle ; vous le reverrez bientôt... aujourd'hui... demain... et le Seigneur lui-même effacera vos larmes de ses mains divines, pour les changer en des joies infinies.

VI.

LA MORT ET LA VIE.

A part deux heures de repos que les docteurs et moi nous prîmes sur un lit de pierre, nous avons passé à l'ambulance toute la nuit qui suivit la bataille de Solferino. Le lendemain matin, vers onze heures, les blessés furent évacués sur Brescia, et nous sommes partis de Médole à midi.

Nous traversions le terrain où s'était livrée la veille une lutte acharnée, terrible, gigantesque. Les pieds de nos chevaux foulaient le sol où la nuit avaient été enterrés des milliers de cadavres ; quel affreux et funèbre spectacle nous avions sous les yeux ! Qu'on se figure des champs dévastés, des débris d'armes et d'uniformes, des maisons démolies, des arbres coupés par les boulets, des sillons ravagés par des bombes ; à quelques pas les unes des autres, de petites éminences de terre fraîchement remuée que surmontent deux morceaux de bois liés en croix. Là, dormaient côte à côte les corps des soldats français et des soldats autrichiens, attendant le jour de la résurrection générale.

Tout à coup, s'offre à mon imagination le fameux tableau de Michel-Ange, représentant la scène du Jugement dernier, et dont j'avais vu la copie par Sigalon, au palais des Beaux-Arts. J'entends

la trompette retentir aux quatre vents du ciel, je vois le sol on-
duler comme la mer et s'ouvrant de toutes parts, les morts sortir
en foule de leurs sépulcres, et le Christ apparaître dans les nues,
sa croix à la main, pour juger tous les hommes rassemblés par
millions, par milliards, devant son tribunal.

L'immense étendue de la plaine et l'enterrement de la nuit
prêtaient à l'illusion, mais elle dura peu. L'orage qui avait éclaté
la veille, vers cinq heures, au moment du combat, avec une
épouvantable furie, s'était dissipé complètement. On n'entendait
plus le bruit du tonnerre mêlé au bruit du canon, on ne voyait
plus des éclairs livides jaillir de nuages cuivrés, on ne respirait
plus une répugnante odeur de sang et de carnage; l'air était si
calme, et le ciel d'une sérénité si douce, la végétation exhalait
un parfum si suave; le soleil, qui étincelait dans l'azur, nous en-
veloppait d'une lumière si dorée; la nature nous souriait avec
tant de grâce et d'amour, qu'on eût dit qu'elle voulait donner une
fête aux vainqueurs de Solferino.

D'ailleurs, comment s'arrêter longtemps à l'idée de la mort,
lorsque l'on voyait, se déroulant au loin dans la plaine, l'in-
fanterie, la cavalerie et l'artillerie, les quatre corps avec leurs
quatre maréchaux, la garde impériale avec son maréchal, l'Empereur avec son état-major, l'armée tout entière, en un mot,
la vie qui s'épanouissait aux rayons de l'astre du jour, et qui
tressaillait d'allégresse dans l'orgueil de sa beauté et dans la
majesté de sa puissance ?

Mais toute cette génération si brillante et si forte disparaîtra
elle aussi dans la poussière du tombeau, pour reparaître un jour
pâle et défaillante aux pieds du tribunal suprême !

Dans la soirée, la division Trochu planta ses tentes entre le
village de Solferino et celui de Cavriana, sur de verdoyantes col-
lines, d'où la vue se promenait sur une vallée délicieuse, le lac
de Garda et les derniers versants méridionaux des Alpes.

Trois jours après, nous partîmes dans la direction du fleuve qui sépare la **Lombardie** de la **Vénétie**. Après nous être quelque temps arrêtés dans le joli village de Cerlongo, nous traversâmes, par une chaleur des tropiques, le Mincio, dont les eaux vertes et pures nous rafraîchirent un peu ; et nous campions le 3 juillet près de Valeggio.

Il y a dans cette petite ville une charmante église, où le dimanche suivant, en présence du général entouré de son état-major, j'ai offert le saint-sacrifice, pour le repos de l'âme des militaires de la divison, tués à Solferino. A peine étais-je descendu de l'autel, que je vis l'Empereur venir assister à une messe dite par l'aumônier en chef de l'armée, M. l'abbé Laine, homme distingué et prêtre de mérite, qui a rempli ses fonctions avec intelligence et dévouement.

C'est à Valeggio que se conclut, le 9, l'armistice qui fut suivi de la paix de Villafranca.

VII.

L'HOPITAL DE GÊNES.

La deuxième division du troisième corps était devenue pour moi une famille, dont je m'honorais d'être membre, et ce ne fut pas sans douleur que je la quittai à Stradella, où elle prit le chemin de fer pour s'embarquer à Gênes, rentrer en France et se diriger sur Paris, où l'attendait une ovation enthousiaste.

J'éprouvais aussi un vif regret de quitter mes fonctions d'aumônier; aussi ai-je été fort content de les reprendre à Gênes. Je fus installé, le 9 août, par un prêtre d'une ardente charité, le P. Parabère, qui consacre sa vie à l'apostolat des soldats en Afrique. Ancien aumônier de l'armée de Crimée, il avait la direction générale des hôpitaux militaires de la ville de Gênes.

A l'ambulance de Cerlongo, dans les hôpitaux de Casal-Maggiore, de Crémone, de Plaisance et de Stradella, j'avais eu déjà la satisfaction de remplir les devoirs de mon ministère; mais, dans chacune de ces localités, je n'étais resté que quelques jours. Au moins, à Gênes, je fus pendant plus d'un mois l'aumônier du *collegio nazionale*. C'était un collége transformé en hôpital, et situé prés d'une des plus remarquables églises de la ville, l'*Annunziata*.

Cet hôpital renfermait plus de 500 soldats, qui appartenaient à tous les corps, et qui avaient pris part à tous les combats de la campagne ; en sorte que, chose auguste et touchante ! je retrouvais là, pour ainsi dire, toute l'armée française avec ses pénibles fatigues, ses rudes labeurs, ses abnégations sublimes, et surtout ses souffrances. Ses souffrances !... voilà pourquoi l'hôpital est le champ de bataille du médecin et du prêtre.

Quelle impression navrante me causaient, tous les matins, à mon arrivée, ces longues files de lits de fer, dont les draps blancs recouvraient les malades ! Comme le cœur se serrait à la vue de tous ces visages ravagés par la fièvre typhoïde ! Je n'entrais presque jamais dans les salles des blessés sans être ému jusqu'aux larmes ; il s'y trouvait plusieurs jeunes soldats amputés d'un bras ou d'une jambe, et un Alsacien de vingt-quatre ans qui, en combattant à Solferino, avait été subitement frappé de cécité par une balle reçue à la tête. Du reste, il était en pleine convalescence. Ah ! quelle affreuse douleur pour une pauvre mère qui voit revenir son fils estropié ou aveugle !

Quelques Autrichiens, retenus à Gênes par la gravité de leurs blessures, étaient, de la part des nôtres, l'objet des soins les plus affectueux et des attentions les plus délicates. Qu'il y a de bonté dans ce cœur de lion du soldat français ! Il est aussi bon qu'il est brave !

On pourrait croire qu'un hôpital de campagne est le séjour de la désolation ; pas le moins du monde. Le cigare, la lecture, les douceurs de la camaraderie militaire, la gaieté française et la piété chrétienne en chassent la tristesse et l'ennui. Combien de consolation et de bonne humeur ne puisent-ils pas aussi dans l'espoir de revoir bientôt la France qu'ils aiment tant, de saluer de loin le clocher du village, d'embrasser la famille, de raconter leurs exploits à la veillée, au coin du feu, et d'aller se promener dans les champs, dans les bois, avec les amis !

Une charmante apparition venait souvent encore réjouir les

salles : les dames les plus élégantes, vêtues de robes blanches, couvertes d'un long voile blanc, parées comme si elles allaient à la cour, s'approchaient de chaque lit, malgré l'odeur infecte que répandait l'haleine des fiévreux, et distribuaient à chaque soldat des cigares, des bonbons, des oranges ; le tout accompagné de gracieux sourires, de douces paroles, et d'un très joli petit bouquet de fleurs.

Le service des malades était fait avec beaucoup de zèle par des infirmiers français, classe utile et modeste qui passe obscurément sa vie dans les hôpitaux, et dont le dévouement inconnu brille et compte devant Dieu.

Ce qui m'a frappé, c'est de voir dans tous les hôpitaux que j'ai visités en Italie, les symboles de nos saintes croyances, suspendus au cou de chacun de nos chers malades, par des cordons de toutes les couleurs. La plupart les avaient rapportés de France. Mais ils n'étaient pas seulement portés par les malades. Le *Constitutionnel* n'a-t-il pas raconté qu'à Montereau, au moment de se séparer de l'Empereur, partant pour l'Italie, l'Impératrice avait fait distribuer, par son chambellan, à tous les officiers supérieurs, et même aux maréchaux, des médailles de la sainte Vierge ? Que de médailles, que de petits crucifix mes collègues et moi n'avons-nous pas distribués aussi, dans les camps, presque toujours sur la demande des soldats !

Quelques personnes, en lisant ces lignes, vont sourire... C'est qu'elles n'ont ni le sentiment ni la philosophie de la Religion. Oh ! ne riez pas ! Un jour, j'offrais un petit crucifix à un chasseur à pied du 19ᵉ bataillon. De cet air intelligent et résolu, particulier à ces compagnons d'armes, et qui donnait une expression saisissante à sa belle figure d'artiste, il me présente le signe de la rédemption, suspendu à une ficelle, et me répond : « *Monsieur l'aumônier, notre Seigneur est toujours avec moi ; le bon Dieu, c'est notre force !* » Ne riez pas, vous dis-je, car tandis que vous partagiez, dans l'ombre, votre temps entre le plaisir et la spéculation, lui, sur une terre de feu et sous un ciel de feu, se battait avec une admirable bravoure. Blessé à Solferino, et transporté à l'hôpital de Gênes, il souffrait avec une résignation admirable ; je l'ai revu à Paris, se promenant avec l'étoile de l'honneur sur la poitrine. Certes, il ne l'échangerait pas contre vos millions... *Le bon Dieu, c'est notre force !...* ce mot dit tout.

Il y a, dans l'intérieur du *Collegio nazionale*, une cour limitée par d'élégantes arcades que soutiennent des colonnes de marbre. Le dimanche, cette cour se transformait en une chapelle, où j'offrais le saint sacrifice sous la voûte azurée du firmament. Une table de chêne et une pierre sacrée que recouvrait une nappe blanche, un crucifix de cuivre, deux chandeliers de même métal et deux vases remplis de fleurs cueillies le matin, c'était là tout l'autel : décoration modeste, évangélique simplicité, qui rappelait à l'âme attendrie, l'étable de Bethléem où naquit l'humble et doux Jésus, le Calvaire qu'il arrosa de son sang pour expier nos iniquités, et la croix de bois qui a sauvé le monde.

Au signal de la cloche, tous les convalescents venaient, à neuf heures, se placer sur des bancs en face de l'autel. On eût dit cette foule de publicains qui entouraient le divin Sauveur dans les rues de Jérusalem, avides de l'entendre et de le contempler.

Graves et recueillis, tous ces hommes au cœur droit suivaient les prières de la messe dans un excellent petit livre intitulé : *Manuel du soldat chrétien.* La piété sincère qui se peignait sur leur visage était bien l'expression d'une foi profonde.

Et comment n'auraient-ils pas été convaincus de la divinité de la religion chrétienne ! n'en avaient-ils pas en eux-mêmes, au fond de leur âme, la preuve vivante, preuve d'autant plus démonstrative qu'elle est toute expérimentale : oui, tous le sentaient ; c'est elle qui leur donnait la force de vaincre l'égoïsme, et d'être en tout et toujours esclaves du devoir ; de faire le sacrifice de leur vie à Dieu et à la France ; d'immoler, sans se plaindre, sur l'autel de la patrie, pendant sept années, leurs affections les

plus chères, les affections de famille, les joies du foyer domestique, leur indépendance, leur liberté; de souffrir avec résignation
et d'attendre, sans crainte, la mort dans les langueurs de la ma-
ladie, chose plus difficile que de l'affronter dans l'enivrement du
combat.

Qu'il y a de touchantes et d'admirables harmonies entre le
Christ et le peuple! Ah! il est vraiment le Dieu des pauvres, des
ouvriers, des soldats et de tous ceux qui souffrent, Celui qui est
venu consoler toutes les douleurs du corps et de l'âme, ennoblir
le travail des mains, sanctifier la pauvreté volontaire, glorifier le
dévouement, diviniser la souffrance, rendre accessible à tous la
véritable grandeur, en la plaçant non dans la condition, non dans
la science, mais dans la vertu, et dédommager les déshérités des
biens de ce monde par la certitude d'une nouvelle terre et de
nouveaux cieux, où seront pleinement satisfaits ces désirs infinis
de bonheur et de gloire, qui sont le tourment sublime de la nature humaine et la révélation de ses destinées immortelles.

Rien ne suffit à l'homme en ce monde, parce que son âme est
plus grande que le monde; il ne peut y borner tous ses désirs et
toutes ses espérances. Alors même qu'il voit lui échapper toutes
les réalités d'ici-bas, le fier instinct de l'idéal survit à toutes ses
déceptions. A l'étroit dans le temps, il aspire à l'infini; la soif
de l'infini le dévore, et cette soif ardente, il n'y a que Jésus-
Christ qui puisse l'apaiser, parce qu'il est la vérité pure, la beauté
parfaite et le bien suprême.

Voilà pourquoi ceux qui connaissent le Christ lui ont voué un
culte d'amour et d'adoration. Emus d'une pieuse tendresse, ils
goûtent, comme l'apôtre saint Jean, d'ineffables délices à se reposer sur le cœur du divin Maître; c'est là qu'ils vont puiser la
paix, la lumière et la vie.

La messe était suivie d'une courte instruction sur l'Evangile du
jour, qu'un sergent appelait *la consigne du chrétien.*

J'ai ici des actions de grâces à rendre au général Drouot; il m'a merveilleusement servi dans la mission que j'avais à remplir. J'ai raconté dans toutes les salles l'histoire de celui qui fut *héroïque comme soldat, sublime comme citoyen*, et qui couronna sa belle vie par une sainte mort, parce qu'il avait une foi profonde et l'âme éminemment chrétienne. L'exemple de notre illustre et vénéré compatriote a fait une vive et salutaire impression.

Plus d'une fois, assis au chevet d'un blessé ou d'un fiévreux, et sa main dans la mienne, j'ai vu un jeune homme sur le point d'expirer, et cependant il souriait à la mort. La souffrance avait amaigri et décoloré son visage, mais il avait cette expression de sérénité et de joie que donne le témoignage d'une bonne conscience. Il savait qu'il allait mourir, mais il sentait en lui le germe de la vie éternelle, et son regard était radieux ; on eût dit qu'il voyait le ciel ouvert ! Il était en état de grâce, comme l'écrivit à sa mère, dans la tranchée de Sébastopol, la veille de sa mort, un compatriote et un héros aussi, le jeune de Villeneuve-Trans, et il s'endormait doucement, comme bercé par ces paroles du général Drouot, que je lui répétais : « Arrivé au terme de ma carrière, j'attends en paix qu'il plaise au Seigneur de m'appeler à lui, et de m'admettre, comme je l'espère, dans le séjour où seront récompensés ceux qui ont bien aimé et bien servi leur patrie. » Ces paroles admirables devraient être écrites, en lettres d'or, sur le piédestal de la statue de bronze que Nancy a érigée à l'homme que Napoléon Ier appelait *le sage de la grande armée !* Elles inspireraient à ceux qui passent avec indifférence des pensées graves et de bonnes résolutions.

J'aimais aussi à répéter, dans les salles, les paroles dites à l'abbé Vignali par le plus grand homme des temps modernes, par le martyr de Sainte-Hélène, Napoléon Ier. Je les citais telles que les a rapportées, dans un livre, le fidèle Marchand, témoin de l'agonie de son cher maître : « Je suis né dans la Religion » catholique, je crois à tous ses dogmes, je veux remplir les

» devoirs qu'elle impose et recevoir les secours qu'elle admi-
» nistre. »

Du 9 août, jour de mon installation à l'hôpital, jusqu'au 13 septembre, époque de sa fermeture, sur 500 malades, grâce aux soins dévoués des docteurs, vingt-neuf seulement sont morts. Eh bien ! les vingt-neuf ont reçu les secours de la Religion, à l'exemple de l'homme de génie qui a rempli le monde de sa gloire.

VIII.

GÈNES LA SUPERBE.

Quand on est aumônier d'un hôpital militaire à Gênes, et qu'on a passé une grande partie de son temps au milieu de ses malades, on a l'agrément, pour se reposer, d'aller visiter les beautés artistiques de la ville. Alors la scène change, et l'on puise des forces nouvelles dans l'admiration qu'inspire le spectacle des splendeurs de l'art et de la nature, réunies en une harmonie ravissante.

C'est à juste titre qu'elle est surnommée *la superbe*, cette vieille cité des Doges, avec ses somptueux édifices, ses riches galeries de tableaux, ses palais de marbre d'une architecture grandiose, et si nombreux qu'on dirait une ville de rois ; ses temples de marbre, que la peinture, la statuaire et la sculpture ont décorés de chefs-d'œuvre ; ses colonnades de marbre blanc, cannelées et incrustées de marbre rouge.

Vue du haut de l'église de Carignano, elle présente un aspect pittoresque et enchanteur. De la coupole de cette église, bâtie sur une colline, vous voyez à vos pieds, sous un ciel vaste et pur, la ville assise en amphithéâtre sur le versant d'une chaîne de montagnes qui la dominent, en forme d'hémicycle ; à droite, au sommet des hauteurs, une multitude de villas et de palais, séparés par des massifs de lauriers roses, de citronniers, d'orangers, et par de larges tapis de verdure ; à gauche, la rade remplie de vaisseaux, et la mer, dont les vagues bleuâtres se confondant avec l'horizon, resplendissent de l'éclat des derniers rayons du soleil qui se couche dans des flots de lumière colorés de pourpre et d'or.

Quel magnifique panorama ! Il n'est, dit-on, surpassé que par celui de Naples et celui de Constantinople.

Mais toutes ces magnificences ne me faisaient point oublier l'ancienne capitale de la Lorraine, dont j'ai entendu, avec tant de plaisir, dans le cours de la campagne, louer l'élégance et la beauté par beaucoup d'officiers français, et même par des touristes italiens. Et, du haut de la coupole, mes regards, s'étendant par delà la Méditerranée, je voyais m'apparaître, comme dans un mirage, Nancy qui m'est si chère, parce qu'elle est ma ville natale, que j'y ai de bons amis, et qu'elle garde la tombe de mon père et de ma mère ; et puis ne renferme-t-elle pas une population intelligente et sympathique à tout ce qui est vrai, généreux et grand ? ne brille-t-elle pas entre toutes les villes de France par ses nombreuses institutions de bienfaisance et de charité ?

Cette douce vision ajoutait à mon ravissement.

Les deux marquis Pareto m'avaient fait la gracieuseté de m'offrir, dans leur palais, une hospitalité toute cordiale dont j'ai profité pendant quinze jours.

Nobles de cœur autant que de naissance, sincèrement religieux, patriotes ardents, l'un voué au culte des beaux-arts, l'autre au culte de la science et membre de la Chambre des députés des Etats Sardes, les deux frères étaient depuis longtemps mêlés au travail de régénération qui s'opère dans la Péninsule.

Mon intimité avec ces deux hommes distingués, et des relations avec plusieurs membres de la bourgeoisie, de la noblesse et du clergé, dans différentes villes du Piémont et de la Lombardie, m'ont mis à même d'apprécier le mouvement qui ébranle l'Italie des Alpes à l'Adriatique.

Non, ce n'est point l'agitation turbulente de l'esprit révolutionnaire qui vient bouleverser l'Italie, c'est un noble élan de nationalité qui l'importe vers un meilleur avenir.

Quoi de plus légitime, de plus impérieux et de plus digne de sympathie dans les aspirations d'un peuple! Cet élan qui se manifeste de toutes parts, n'est-ce pas le cri de la nature, la revendication du droit, la prière de l'opprimé qui monte vers le ciel?

L'histoire de l'administration autrichienne en Italie n'est qu'un long martyrologe : jetée par terre, foulée aux pieds, écrasée sous le joug, elle a vu répandre à flots le plus pur de son sang, cette nation infortunée; et pourtant, malgré l'excès de ses souffrances, elle n'a point perdu sa foi en Dieu. L'étranger, pour maintenir sa domination, a été condamné à se faire oppressif et corrupteur; et pourtant, elle ne s'est point laissé avilir; elle a conservé son noble et beau génie. Mais elle a su profiter des dures leçons de l'expérience : les anciennes rivalités se sont éteintes, l'antagonisme des villes et des partis s'est effacé devant le grand intérêt de l'unité nationale; aujourd'hui, le peuple italien, malgré un long asservissement, se montre, sous le rapport de l'intelligence et du caractère, au niveau des contrées les plus puissantes et les plus libres; c'est là un fait qui suffirait à lui seul pour prouver, de la manière la plus éclatante, l'indomptable vitalité de la race latine.

L'Italie centrale revendique le droit de s'affranchir du joug de l'Autriche, de s'appartenir à elle-même et de vivre de sa propre vie sous l'égide du principe monarchique; elle a prouvé, par son attitude digne et ferme depuis la paix de Villafranca, qu'elle était mûre pour la liberté. Donc, sa cause est juste; elle est gagnée au tribunal de Dieu, comme au tribunal de l'opinion publique; elle triomphera, grâce aux victoires de notre armée et de la généreuse initiative de l'Empereur.

A la campagne d'Italie, il manque un couronnement.

Ce qui fait la grandeur de ce vieillard immortel qui siége depuis dix-huit siècles, et qui siégera jusqu'à la consommation des siècles, dans la ville de Rome, au Vatican, c'est la souveraineté spirituelle qu'il tient directement de Dieu. Notre-Seigneur Jésus-Christ l'a instituée pour la direction et le salut des âmes, elle est nécessaire, immuable, indestructible; quelle que soit la position temporelle du Vicaire de J.-C., il sera toujours la plus haute et la plus vénérable autorité morale qui puisse exister dans le monde. Il aura toujours ce qu'il faut pour gouverner et sanctifier les âmes : la Vérité et la Sainteté, la Croix, l'Abnégation et la Charité du divin Maître.

Cependant, nous le disions avec douleur, l'âme si pieuse et si douce de Notre Saint-Père le Pape Pie IX est abreuvée d'amertumes. Il n'a plus le calme et la sécurité que réclame sa pacifique et céleste mission.

Ayons confiance : la Providence saura les lui rendre, et pour le bien de l'Eglise et pour le bien de l'Europe; mais à quelles conditions? c'est le secret de l'avenir.

Toutefois, en **nous** appuyant sur les besoins des temps nouveaux, nous pouvons croire que la solution que la Providence tient en réserve, témoignera du respect traditionnel de la France envers la Papauté, conservera la souveraineté temporelle qui est nécessaire à l'indépendance du Pape, tout en donnant la liberté à l'Italie, fera la part des droits du Saint-Siége et du droit des peuples, et réconciliera enfin la tradition et le progrès, l'Eglise et la Révolution de 89, le catholicisme et la société moderne.

OEuvre éminemment salutaire dont l'Empereur, qui a déjà fait des choses si utiles et si grandes, sera l'instrument providentiel; œuvre rénovatrice qui doit, en ouvrant à la sainte religion du Christ une ère de gloire, faire resplendir à tous les yeux sa beauté divine, et préparer à la France, vivifiée par l'esprit de l'Evangile, une grandeur morale et une prospérité matérielle sans exemple dans les annales de l'histoire.

Après le départ des marquis Pareto pour la campagne, l'officier chargé de l'administration de l'hôpital, M. Coudère, m'offrit une chambre dans l'hôpital même. J'ai conservé un souvenir affectueux de cet aimable et honnête homme, administrateur tout à la fois habile et paternel.

Le 13 septembre, le *Collegio nazionale* fut rendu à sa destination primitive ; les malades complètement guéris avaient quitté Gênes. Je m'embarquai le 17 sur *l'Eldorado*, je traversai la mer et je revis Paris.

La mer et Paris, deux autres magnificences qui enivrent l'imagination, que l'on ne se lasse pas d'admirer, même quand on a parcouru l'Italie, et dont l'une vous révèle la grandeur du génie de l'homme, tandis que l'autre, éveillant dans l'âme le sentiment de l'infini, la transporte dans le monde supérieur et la met, pour ainsi dire, face à face avec la majesté de Dieu.

IX.

MORALITÉ.

———•———

Je pensais n'adresser qu'une lettre courte et familière à un ami, mais je me suis laissé entraîner par le charme et la grandeur de mes souvenirs.

Du reste, on parle volontiers de ce qu'on aime ; or, j'aime le soldat français, le simple soldat surtout, personnification touchante du dévouement obscur et désintéressé.

Quand il a reçu une blessure sur le champ de bataille, la souffrance lui imprime à mes yeux, une sorte de caractère sacré ; il m'inspire une sympathie respectueuse et tendre.

Pour glorifier l'armée d'Italie, je n'ai eu qu'à remplir le rôle d'historien ; jamais les rêves de l'imagination la plus poétique ne sauraient atteindre à la hauteur de la réalité vivante, dont j'ai été le spectateur.

Parfois, l'âme n'est-elle pas attristée et comme affaiblie, à la vue des petitesses, des vices, des crimes qu'enfante la passion égoïste de la richesse et du plaisir ? Pour m'édifier moi-même et pour édifier les autres, j'ai cru devoir écrire les choses dont j'ai été témoin.

Il y a pour l'esprit de si nobles enseignements, et pour le cœur des joies si douces et si pures, dans la contemplation des grands travaux, des grands sacrifices, des grandes vertus, des grandes âmes qu'inspire l'amour de Dieu, de la patrie et de l'humanité !

Paris, le 25 octobre 1859.

NOTE EXPLICATIVE.

Nous disons à la page 6 que l'Empereur « sera l'organisateur de la démocratie française. »

Dans le but d'éviter tout malentendu dans une question aussi grave et aussi délicate, nous croyons devoir, pour expliquer toute notre pensée, reproduire une lettre insérée il y a huit ans, dans un des journaux de Nancy, l'*Impartial*.

En dehors des fonctions de son ministère, le prêtre a le droit, comme citoyen, d'exprimer son avis sur des questions qui intéressent tout le monde, et qui sont du domaine de tous.

Château de Tomblaine, le 22 octobre 1852.

Monsieur le Rédacteur,

Si je ne m'étais senti inspiré par le désir de contribuer, pour ma faible part, à la pacification des esprits et à la conciliation des partis, j'aurais gardé le silence.

J'accomplis donc un devoir.

Je parlerai librement et consciencieusement, avec l'indépendance d'un homme qui n'est rien et ne veut rien être, rien qu'un obscur serviteur du Christ et du peuple.

Dans les deux discours que M. le Président de la République a prononcés à Lyon et à Bordeaux, il y a trois phrases extrêmement remarquables et qui sont de véritables déclarations de principes.

Lors de l'inauguration de la statue équestre de l'Empereur dans la cité Lyonnaise, Louis-Napoléon a dit :

« L'Empereur fut le médiateur entre deux siècles ennemis. Il tua l'ancien ré-
» gime en rétablissant tout ce que ce régime avait de bon ; il tua l'esprit révolu-
» tionnaire en faisant triompher partout les bienfaits de la Révolution. »

La justice nous fait un devoir de le reconnaître, cette pensée est profonde ; elle a un double mérite : c'est de caractériser parfaitement la mission qu'a remplie l'Empereur, et de montrer que Louis-Napoléon conçoit aussi à quelles conditions peut se résoudre le problème social de notre temps.

Il est certain que sa solution est dans l'alliance de la tradition et du progrès, de l'autorité et de la liberté, du capital et du travail, du patriciat et du prolétariat.

Ces divers éléments sociaux, qui devraient s'harmoniser pour le bonheur du monde, sont depuis longtemps en hostilité les uns contre les autres : voilà la cause du mal ! Leur antagonisme constitue la société dans un état permanent de guerre.

Que, s'inspirant des préceptes de la divine Religion de Jésus-Christ, Religion toute de paix et d'amour, lien des âmes ainsi que des intérêts, ces ennemis d'hier signent aujourd'hui un traité fraternel ; qu'ils s'unissent ! qu'ils soient un ! Là est le remède !

Alors une ère nouvelle, une ère de concorde, de grandeur et de félicité s'ouvrira pour la France.

Louis-Napoléon, qui se trouve dans une situation à peu près identique à celle de son oncle, sera-t-il, lui aussi, médiateur entre deux siècles ennemis ? Il le peut, s'il le veut.

Pourquoi Dieu et le peuple lui ont-ils remis entre les mains la puissance suprême ? C'est pour achever de tuer l'ancien régime, en conservant ce que l'ancien régime a de bon ; c'est pour achever de tuer l'esprit révolutionnaire en faisant triompher partout, et descendre dans la classe ouvrière, industrielle et agricole, les bienfaits de la Révolution, dont la bourgeoisie — je ne récrimine pas, je me contente de constater un fait — dont sa sœur aînée la bourgeoisie, a eu jusqu'alors la meilleure part.

Le Président de la République dit encore dans son discours de Lyon :

« Fidèle serviteur du pays, je n'aurai jamais qu'un but, c'est de reconstituer
» dans ce grand pays, si bouleversé par tant de commotions et par tant d'utopies,
» une paix basée sur la conciliation pour les hommes, sur l'inflexibilité des princi-
» pes d'autorité, de morale, d'amour pour les classes laborieuses et souffrantes,
» de dignité nationale. »

A Bordeaux, le Prince reproduit sa pensée en la développant sous une forme brillante et chevaleresque ; le neveu du plus grand homme de guerre des temps modernes, se pose en conquérant pacifique :

« J'ai, comme l'Empereur, bien des conquêtes à faire. Je veux, comme lui,
» conquérir à la conciliation les partis dissidens, et ramener dans le courant du
» grand fleuve populaire, les dérivations hostiles qui vont se perdre sans profit
» pour personne.

» Je veux conquérir à la Religion, à la morale, à l'aisance, cette partie encore
» si nombreuse de la population qui, au milieu d'un pays de foi et de croyance,
» connaît à peine les préceptes du Christ ; qui, au sein de la terre la plus fertile du
» monde, peut à peine jouir de ses produits de première nécessité. »

Certes, on ne peut en disconvenir, voilà de belles et admirables paroles.

Quant à nous, nous faisons d'autant moins de difficulté de l'avouer, que nous y voyons le programme de cette politique progressive, libérale, conciliatrice, essentiellement démocratique et chrétienne, dont les hommes voués de cœur à l'amélioration morale et matérielle des masses populaires, appellent de tous leurs désirs l'heureux avènement.

Maintien des principes et des conquêtes de 89 ;

Conciliation des partis ;

Amour des classes laborieuses et souffrantes ;

Réformes compatibles avec le respect de la Religion, de la famille et de la propriété, bases fondamentales de l'édifice social ;

Développement sur une grande échelle du travail, source de la richesse ;

Affranchissement du prolétariat, c'est-à-dire amélioration morale, intellectuelle et physique de la classe la plus nombreuse et la plus pauvre ;

Union du christianisme et de la démocratie :

Tel est le système de philosophie sociale des vrais démocrates.

Il nous semble qu'il se rapproche de celui du Président de la République. Mais nous avouerons que le sien n'inspire pas les mêmes craintes que le nôtre, qu'il n'effraie personne, qu'il rassure tout le monde, et cela pour les raisons suivantes :

Sa haute position de chef de l'Etat, qui lui permet de calculer toutes les chances ; son immense responsabilité, qui lui défend de se jeter dans les aventures ; son esprit positif, qui a horreur de l'idéologie, l'empêcheront de se laisser éblouir par le mirage trompeur de théories séduisantes, mais inapplicables.

Du reste, qu'importe par qui le bien arrive, pourvu qu'il se fasse !

Or, le prince Président déclare qu'il le fera, il l'a promis à la face du ciel, il en a pris l'engagement solennel en présence de la France tout entière ; nous ne lui ferons pas l'injure de suspecter sa bonne foi : c'est un honnête homme, qui a subi avec dignité la salutaire épreuve de la souffrance, et qui a été formé à l'école de l'adversité ; nous croyons à la sincérité de ses intentions.

Elles nous sont, d'ailleurs, garanties par les grands travaux d'utilité publique commencés de toutes parts, la conversion des rentes, l'institution du crédit foncier, la création de nouvelles sociétés de secours mutuels et de la caisse des retraites pour la vieillesse, etc.

Que Louis-Napoléon tienne donc toutes les promesses de son magnifique programme ; qu'il fasse fleurir à l'ombre de la paix l'agriculture, l'industrie et le commerce ; que, protecteur de tous les intérêts et de tous les droits, il considère toujours comme son devoir le plus sacré d'améliorer moralement et matériellement le sort des travailleurs ; qu'après avoir relevé le salutaire principe de l'autorité, il fonde une liberté sage et bienfaisante ; qu'enfin, par un système progressif aussi éloigné de la réaction que de l'utopie, il contribue à faciliter la transformation démocratique de la société française, après l'avoir déjà sauvée de l'anarchie : voilà, selon nous, sa mission providentielle ! Elle m'a été révélée en 1851 par la lecture des écrits du prisonnier de Ham.

Certes, cette mission est assez admirable pour satisfaire un grand cœur et l'ambition la plus vaste ; qu'il l'accomplisse en fidèle serviteur du pays, comme il l'a dit si noblement lui-même, — et les démocrates, hommes d'ordre autant qu'hommes de progrès, lui réservent dans l'avenir des marques d'affection encore plus enthousiastes, des ovations encore plus splendides que toutes celles qu'il a reçues dans son voyage du Midi et à sa rentrée dans la capitale.

Transformation démocratique de la société française, dans le sens de la réalisation sociale de l'Evangile : telle est l'œuvre du XIXe siècle.

Elle est dans les desseins de la Providence, elle ressort des données de l'histoire ; la Religion ainsi que la politique la réclament, elle doit régénérer et rajeunir notre monde déjà si vieux : le Ciel et la terre la béniront.

Si, comme nous aimons à le croire, les paroles prononcées à Lyon et à Bordeaux se traduisent en actes, — grâce à l'intelligente et forte initiative de Louis-Napoléon, le principe d'égalité recevra de nouvelles et plus larges applications ; les lois s'imprégneront de plus en plus de l'esprit de l'Evangile, qui est Justice et Charité ; les pensées généreuses de l'auteur de l'*Extinction du Paupérisme* se réaliseront ; tous les Français pourront participer à tous les avantages sociaux, à la seule condition du mérite personnel, et il n'y aura à peu près d'inégalités sociales que celles qui découlent nécessairement de l'inégalité naturelle des ta'ents et des vertus ; un grand acte de clémence, qui réjouira tous les cœurs, mettra un terme aux amertumes et aux souffrances de l'exil ; les libertés publiques se rétabliront graduellement ; notre bien-aimée patrie, toujours la reine du monde, sera plus grande et plus prospère que dans ses plus beaux jours ; le peuple deviendra plus moral, plus intelligent et plus heureux ; et Louis-Napoléon, chéri du peuple, Louis-Napoléon, organisateur de la Démocratie française, méritera une reconnaissance et une gloire immortelles ; il sera aussi grand que l'Empereur, dont il est appelé à continuer et à compléter l'œuvre civilisatrice en France et dans le monde.

La France semble vouloir l'Empire ; mais si le suffrage universel le proclame, qu'on se rassure, l'Empire, comme l'a dit M. Ségur d'Aguesseau, ne sera pas la destruction de ce qui constitue l'essence de la République, car l'essence de la République — et voilà pourquoi nous l'avons acclamée en 1848 — c'est le suffrage universel, c'est le progrès social, c'est un gouvernement basé sur le principe de la souveraineté nationale, et constitué, non au profit d'une caste, non dans l'intérêt d'une classe privilégiée, mais pour l'amélioration de la moralité, des lumières et du bien-être de tous.

Puisque c'est là le gouvernement que Louis-Napoléon veut fonder, ainsi qu'il résulte de ses écrits et de ses déclarations récentes, avec la garantie de l'hérédité de plus, l'Empire qui se fera ne saurait donc être ni la guerre, ni le despotisme ; la nécessité des choses y met un invincible obstacle ; ce sera l'Empire du peuple (1),

(1) Extrait du discours adressé à Louis-Napoléon en 1852, lors de sa rentrée à Paris, par M. Félix Gilet, délégué des ouvriers boulangers de Paris : « L'Empire que nous aurons sera l'Empire du » peuple, l'expression vivante du pays. »

pour me servir de l'expression si juste et si poétique des ouvriers de Paris, ou bien encore ce sera le peuple couronné et sacré Empereur dans la personne de Louis-Napoléon.

Puisque le Prince Louis-Napoléon veut concilier les partis dissidents, solidariser tous les intérêts, adopter comme l'un des mobiles de sa politique l'amour des classes laborieuses et souffrantes, les conquérir au Christ, à la morale et à l'aisance, un jour viendra où la France présentera à l'Europe, qui la regarde pour se modeler à son image, le magnifique spectacle d'une démocratie chrétienne.

Le Christianisme n'est pas seulement la règle morale des individus, il doit être aussi la base des institutions et des lois. Or, tout annonce que l'Evangile est à la veille d'être accepté comme le Code divin des sociétés humaines. Il proclame avec la vérité religieuse la vérité sociale.

Prêtre du Christ, sur le seuil de l'avenir que la foi ainsi que la raison me révèlent, et dont les splendeurs entrevues dans le lointain me ravissent, je le salue de loin, comme on salue la belle et pieuse image de la patrie absente.

Et pour le hâter, cet avenir, qui ne peut se réaliser que par un progrès pacifique et sagement mesuré, unissons-nous dans l'amour de Dieu et des hommes, dans un dévouement infatigable à l'éducation morale, intellectuelle et professionnelle du peuple, dans la pratique de la justice et de la charité.

Agréez, Monsieur le Rédacteur, etc.

L'abbé Et. BLANC.

Nancy, imp. de BINZELIN et Comp.

* 9 7 8 2 0 1 2 9 6 7 3 8 0 *